DEWCH

DEWCH AT EICH GILYDD

ELGAN PHILIP DAVIES

Darluniau gan Jac Jones

CYMDEITHAS LYFRAU CEREDIGION GYF.

Argraffiad cyntaf: Tachwedd 1996

Hawlfraint yr argraffiad: Cymdeithas Lyfrau Ceredigion Gyf © 1996
Hawlfraint y testun: Elgan Philip Davies © 1996
'Carol Jamaica': geiriau Arfon Wyn

ISBN 0 948930 09 8

Dychmygol yw holl gymeriadau a digwyddiadau'r nofel hon.

Dymuna'r cyhoeddwyr gydnabod cymorth Adrannau Cyngor Llyfrau
Cymru.

Cysodwyd ac argraffwyd gan Wasg Gomer,
Llandysul, Ceredigion SA44 4BQ

Cyhoeddwyd gan Gymdeithas Lyfrau Ceredigion Gyf.,
Llawr Uchaf, Bryn Awel, Y Stryd Fawr, Aberystwyth SY23 1DR.

I Mair

PENNOD 1

'Mae hi'n noswyl Nadolig, ac ar draws y wlad, mewn pentref a thref, o'r mynydd i'r môr, mae pobman yn dawel. Mae'r anifeiliaid i gyd wedi hen ddod o hyd i loches i gadw'n gynnes rhag y gwynt llym a'r rhew caled. Mae'r sêr yn disgleirio'n llachar o gwmpas y lleuad arian ac mae'r wlad yn gorwedd yn llonydd dan garthen drwchus o eira . . .'

'Dy'n *ni* byth yn ca'l eira,' sibrydodd Alun yn sarrug wrth Colin.

'Nagy'n, byth,' sibrydodd Colin yn ôl.

'Fe fydde hi'n wych i ga'l eira am unwaith.'

'Bydde,' cytunodd Colin cyn gofyn, 'Beth wyt ti'n mynd i' ga'l gyda Siôn Corn?'

'Scalextric. Yr un gyda'r ceir newydd.'

'O, dwi'n gwbod, ma' 'na gar Benetton gydag e.'

'O's, a'r un Williams.'

'Beth am i ni fynd i mewn i un o'r tai i glustfeinio ar y sgwrs a gweld ychydig o'r paratoadau . . .'

'Beth wyt ti'n mynd i' ga'l?' gofynnodd Alun i Colin.

'Gêm gyfrifiadur.'

'Pa un?'

'Dwi ddim yn gwbod eto.'

'Pryd wyt ti'n mynd i anfon dy lythyr at Siôn Corn? Fe anfones i f'un i yr wythnos dwetha.'

'Dwi ddim yn *anfon* llythyr ato fe. Dwi'n ei adael e ar y bwrdd ar bwys y sieri a'r mins pei.'

'Ac ma' Siôn Corn yn dal i ddod â'r anrhegion iawn?'

'Miss! Miss!'

'Ie, Anwen?'

'Mae Alun a Colin yn siarad o hyd a dwi'n methu canolbwyntio,' atebodd Anwen.

Cerddodd Miss o gefn yr ystafell ddosbarth, lle bu'n gwrando ar Anwen yn adrodd rhagarweiniad cyfraniad Blwyddyn 4 i gyngerdd Nadolig yr ysgol, a sefyll o flaen y ddeuawd euog.

'Fyddet ti'n hoffi bod yn llefarydd, Alun?'

'Na, Miss,' atebodd Alun yn dawel.

'Beth amdanat ti, Colin?'

'Na, Miss,' atebodd Colin yn dawelach fyth.

'Wel, well i chi gadw'n dawel, 'te, a rhoi chwarae teg i bawb arall yn ystod yr

9

ymarfer. Dyw hi ddim yn rhy hwyr i chi wneud rhywbeth arall yn y cyngerdd. Carol, efallai. Deuawd. Dyna fydd yn digwydd, iawn?'

'Iawn, Miss,' sibrydodd y ddau gyfaill yn unsain, yn gwybod eu bod wedi cael eu rhybudd olaf.

'A dwi'n gobeithio'ch bod chi wedi ymarfer eich rhannau. Roedden nhw'n brennaidd iawn ddoe,' meddai Miss, gan droi ei sylw'n ôl at Anwen. 'Roedd hwnna'n dda iawn, Anwen; cer 'nôl i dy le. Bethan sy nesa, ond gan ei bod hi wedi hen ddysgu'r gân fe awn ni ymlaen at yr olygfa rhwng Iola ac Elwyn. Newch chi ddod 'mlaen i ni gael gwneud eich golygfa chi?'

Cododd Iola ac Elwyn o'u cadeiriau ac ymlwybro'n araf i flaen y dosbarth.

'Dewch 'mlaen! Dewch 'mlaen!' meddai Miss pan welodd mor gyndyn oedd y ddau i ddod i wneud eu rhan. 'Dangoswch ychydig mwy o frwdfrydedd. Mae'r cyngerdd heno ac mi'r ydych chi i gyd yn edrych yn hanner marw'n barod. Dwi ddim yn gwbod beth sy'n bod arnoch chi heddi, na'dw wir. Os na fydd pethau'n gwella fe fydd yn rhaid i ni gael ymarfer arall ar ôl cinio.'

'Ond, Miss . . .' dechreuodd rhai brotestio.

'Mae'n dibynnu arnoch chi,' meddai Miss, gan guro'i dwylo i dawelu'r sibrwd. 'Nawr 'te, Iola, beth am i ni gael gweld a wyt ti'n cofio dy ran.'

* * *

'Ro'n i'n meddwl dy fod ti'n gwbod y geiriau i gyd, Iola,' meddai Anwen a thinc cyhuddgar yn ei llais.

'Dwi *yn* eu gwbod nhw,' mynnodd Iola.

'Dyna pam ro'dd Miss yn gorfod dy helpu di o hyd, ife?'

'Dyw anghofio un neu ddau o eiriau ddim yn golygu nad ydw i'n eu gwbod nhw.'

'Hy!'

'Ond ma' gyda Iola lot i'w gofio,' meddai Bethan gan geisio amddiffyn ei ffrind.

'O's,' meddai Iola a oedd yn ddigon abl i'w hamddiffyn ei hun. 'Naw deg tri o eiriau i gyd.'

'Naw deg tri! Dyna i gyd! Dim ond *naw deg tri*!' meddai Anwen yn anghrediniol.

11

'Ro'dd gyda fi ddau gant dau ddeg a saith o eiriau i'w dysgu.'

'Ond y llefarydd wyt ti,' meddai Mair.

Trodd Anwen i syllu ar Mair. 'Mae rhan y llefarydd yn rhan bwysig iawn,' meddai, ond doedd hi ddim yn swnio fel pe bai'n wir yn credu hynny. Nid oedd Anwen am fod yn llefarydd. Wrth gwrs, roedd hi'n falch bod Miss wedi dweud wrthi fod ganddi lais llefaru da, ond er bod Miss wedi dweud hefyd bod rhan y llefarydd yn un bwysig iawn, nid oedd y llefarydd yn cael gwisg arbennig, dim ond crys-T a jîns. Fe fyddai wedi bod yn well gan Anwen gael actio rhan Gwraig y Plas yn ei ffrog barti orau.

'Ie, dim ond y llefarydd wyt ti,' meddai Iola, a oedd yn actio rhan Gwraig y Plas yn ei ffrog barti orau. 'Fe fyddwn i wrth fy modd yn byw yng Nghymru 'Slawer Dydd a chael dathlu'r Nadolig fel Gwraig y Plas.'

Roedd hi'n amser cinio ac roedd merched Blwyddyn 4 i gyd yn eistedd wrth yr un bwrdd cinio yn trafod y bore hir o ymarfer ar gyfer cyngerdd Nadolig yr ysgol. Ac roedd hi *wedi* bod yn fore hir; yn fore hir a blinedig a phopeth yn mynd o'i le. I fod yn deg â Iola, nid hi oedd yr unig un i anghofio'i geiriau, ac roedd rhai wedi anghofio mwy na geiriau.

'A beth ddigwyddodd i ti, Nicola?' gofynnodd Anwen, yn union fel y gofynnodd Miss i Nicola pan anghofiodd hi ddod i'r llwyfan ar yr amser iawn.

'O, bydd dawel, Anwen, nid Miss wyt ti,' meddai Nicola'n ffyrnig, ac roedd hynny'n ddigon i dawelu pawb am ychydig nes i Carys dorri ar y distawrwydd a dweud, 'Dwi'n meddwl y dylen ni ga'l Nadolig gwyrdd.'

'Gwyn, ti'n meddwl,' meddai Mair.

'Nage, gwyrdd,' mynnodd Carys.

'Ond ry'n ni wastad yn ca'l Nadolig gwyrdd,' meddai Catrin. 'Dy'n ni byth yn ca'l eira adeg y Nadolig. Ma'r coed a'r caeau wastad yn wyrdd.'

'Nage, nage,' meddai Carys yn ddiamynedd. 'Dwi ddim yn sôn am eira. Dweud ydw i y dylen ni ga'l Nadolig sy'n garedig i'r amgylchedd.'

'O, dwi'n gwbod,' meddai Tracy. 'Ein bod ni ddim yn gwastraffu adnodau.'

'Adnoddau,' cywirodd Carys.

'Do's dim yn ca'l ei wastraffu yn ein tŷ ni,' meddai Mair. 'Wel, dyna beth ma' Mam wastad yn gweud, beth bynnag. Ma' popeth yn ca'l ei fwyta ymhell cyn y flwyddyn newydd, ac weithiau pan fydd pobl yn galw heibio do's 'na ddim . . .'

'Gwrandwch!' gwaeddodd Carys a oedd bron â chyrraedd pen ei thennyn. 'Dweud ydw i y bydde'n well pe baen ni'n gwneud rhywbeth am gadwraeth heddi yn lle Nadolig yng Nghymru 'Slawer Dydd.'

'Cadwraeth?' gofynnodd Catrin.

'Yn lle Nadolig yng Nghymru 'Slawer Dydd?' gofynnodd Iola.

'Ie, gofalu am fyd natur a pheidio â cha'l coed Nadolig . . .'

'Beth?' meddai rhai o'r merched eraill yn unsain.

'Coeden Nadolig go iawn, dwi'n feddwl,' esboniodd Carys. 'Ma' rhai ffug yn llai niweidiol i'r amgylchedd.'

'Ry'n ni wastad yn ca'l coeden iawn,' meddai Bethan. 'Ma' ffrind i Dad yn gweithio i'r Comisiwn Coedwigaeth, a gyda fe ry'n ni'n ca'l y goeden Nadolig.'

'Un ffug ry'n ni *wastad* yn ei cha'l,'

meddai Anwen. 'Ma' Mam yn gweud bod pinne'r rhai iawn yn cwmpo ac yn mynd yn sownd yn y carped ac ma'n anodd eu codi nhw.'

'Un ffug ry'n ninne'n ei cha'l,' meddai Catrin. 'Byth ers i un o'r pinne fynd yn sownd ym mys fy mrawd bach pan o'dd e'n cropian.'

'Ddim am y rhesymau hynny dwi'n meddwl,' meddai Carys. 'Ond am na ddylen ni dorri coed heb isie.'

'Ond ma'n rhaid ca'l coeden Nadolig,' meddai Mair. 'Ble arall ma' Siôn Corn yn mynd i adael yr anrhegion?'

'O, Mair!' meddai Carys, gan edrych yn hollwybodus ar y merched eraill. 'Siôn Corn, wir! Dwyt ti ddim yn meddwl y bydd e'n gallu dod o hyd i rywle arall i adael yr anrhegion?'

'Pam na allen ni neud drama ddawns ar gyfer y cyngerdd?' gofynnodd Nicola, a oedd yn cael gwersi bale.

'O ie, bydde hynny'n dda,' meddai Iola, a oedd hefyd yn cael gwersi bale. 'Beth wyt ti'n meddwl, Carys?'

Roedd Carys hefyd yn cael gwersi bale

ond roedd hi eisoes wedi penderfynu beth fyddai'n well ganddi hi ei wneud.

'Drama am achub coed dwi isie neud,' meddai Carys yn bendant.

'O, Carys!' ebychodd Iola. 'Fe allen ni neud y ddawns ddysgodd Miss Askew i ni'r wythnos dwetha,' ac fe ddechreuodd ddawnsio. Ymunodd Nicola yn y ddawns

gan geisio sefyll ar *pointe* a phirwetio o gwmpas y merched eraill. Ond ni symudodd Carys fodfedd. Dim ond gwgu ar y ddwy am ymddwyn mor blentynnaidd.

'Shwd ma' dawns bale a choed Nadolig yn mynd gyda'i gilydd?' gofynnodd Anwen yn ddirmygus, gan ei bod yn well ganddi hi ddewis Miss, hyd yn oed os nad oedd hi'n cael chwarae rhan Gwraig y Plas.

'Fe alle Nicola a Iola fod yn Dylwyth Teg ar ben coed Nadolig,' awgrymodd Mair gan chwerthin.

'Ond ddim coed go iawn,' mynnodd Carys.

'Allwn i fod yn un o'r Tylwyth Teg hefyd,' meddai Catrin, a oedd yn hoff iawn o ddawnsio, er nad oedd hi'n cael gwersi bale.

'Dwi'n gwbod,' meddai Anwen. 'Carys yw'r hen wrach . . .'

'Beth?' meddai Carys, a oedd yn casáu'r syniad o actio gwrach.

'. . . sy'n byw yn y goedwig ac yn codi ofn ar blant bach ac am eu stopio rhag ca'l coed Nadolig.'

'Ac sydd am ga'l gwared â'r Nadolig yn llwyr . . .' cynigiodd Catrin.

'Beth?' meddai Carys.

'. . . a Bethan, Anwen, Mair a Tracy yw'r Plant Bach sy'n mynd i'r goedwig i chwilio am goed Nadolig . . .'

'Beth?' meddai'r Plant Bach, a oedd yn casáu'r syniad o actio plant bach.

'. . . a Iola, Nicola a fi yw'r Tylwyth Teg a oedd yn arfer bod ar ben y coed bob Nadolig, ond nawr bod Carys y Wrach wedi ca'l gwared â'r Nadolig, do's 'na ddim coed i'w ca'l i ni. Ond ry'n ni'n mynd i'r goedwig i chwilio am goeden . . .'

'Y goeden Nadolig ola,' meddai Iola.

'Ac ry'n ni'n dod ar draws Carys y Wrach sydd wedi dal y Plant Bach a'u carcharu yn ei bwthyn yn y goedwig,' meddai Nicola.

'Ie,' meddai Iola. 'Ond ry'n ni'n dal Carys y Wrach ac yn rhyddhau'r Plant Bach.'

'Ac ma'r Plant Bach yn mynd adre gyda choeden Nadolig fawr ac ma' Siôn Corn yn gadael lot o anrhegion iddyn nhw ac ma' pawb yn ca'l Nadolig llawen.'

'Ar wahân i Carys y Wrach a gafodd ei lladd...'

'...pan ddisgynnodd y goeden Nadolig ar ei phen.'

'O, ie!' meddai Catrin. 'Ma' hwnna'n syniad da, on'd yw e?'

'Hy!' meddai Carys, gan wgu. 'Nath neb sôn am goeden Nadolig ffug.'

'Bydde unrhyw beth yn well na Nadolig

yng Nghymru 'Slawer Dydd,' meddai Nicola.

'Bydde,' cytunodd y lleill – ar wahân i Iola.

'Ond beth am y bechgyn?' gofynnodd Tracy. 'Dwi ddim yn meddwl y bydden nhw'n hoffi'r syniad.'

Cododd Nicola ei hysgwyddau a dweud, 'Wel?'

'Fe allen nhw fod yn dorwyr coed sy'n mynd i chwilio am y plant,' cynigiodd Iola.

'A nhw sy'n torri'r goeden sy'n lladd Carys y Wrach,' meddai Anwen.

'Nage, dwi'n gwbod,' meddai Mair. 'Nhw *yw'r* coed.'

'Ie!' meddai Catrin, gan neidio i fyny ac i lawr. 'Fe ddywedodd Miss bore 'ma fod actio Alun a Colin braidd yn brennaidd!'

Chwarddodd y merched i gyd – gan gynnwys Carys.

*   *   *

'Pa gêm sy gyda ti ar gyfer y prynhawn?' gofynnodd Alun i Colin wrth i'r ddau redeg ar draws y maes chwarae.

'Pictionary,' atebodd Colin.

'O, na! Ma' Pictionary'n ofnadw,' meddai Alun, wrth iddo gyrraedd y fan lle'r oedd gweddill bechgyn Blwyddyn 4 yn aros.

'Nagyw, mae e'n dda.'

'Nagyw ddim.'

'Dim ond achos bod ti'n methu tynnu lluniau.'

'Dwi *yn* gallu tynnu lluniau. Dwi'n tynnu lot o luniau o hyd.'

'Dim ond lluniau o gathod yn eistedd ar eu cynffonnau, a phobl o'r ochr a'u coesau a'u breichiau'n syth.'

'Nage ddim.'

'Iege.'

'*Iege*? Beth yw *iege*?'

'Pa gêm sy gyda ti, Alun?' gofynnodd Steffan, a oedd wedi blino ar fân ymgecru'r ddau.

'Cluedo.'

'Ludo! O, ma' Ludo'n *boring*,' meddai Colin.

'Cluedo, ddim Ludo,' cywirodd Alun.

'Ludo wedest ti,' mynnodd Colin.

'Nage ddim.'

'Iege.'

'*Iege*? Beth yw *iege*?'

'Paid dechre hynny 'to,' meddai Steffan. 'Mae e'r un peth â'r rhaglen *Dim Cliw* ar y teledu.'

'Ma' *Dim Cliw* yn *boring*,' meddai Colin.

'Nagyw ddim,' meddai Steffan. 'Mae e'n dda, on'd yw e, Martin?'

'Wel . . .' dechreuodd Martin, ac fe gafodd yntau ei dynnu i mewn i'r ddadl.

Ar ddiwrnod y cyngerdd Nadolig fe fyddai'r ymarfer olaf yn y bore, ac yna, ar ôl cinio, fe fyddai'r plant yn cael y prynhawn yn rhydd i chwarae gêmau. Dyna oedd y drefn bob blwyddyn. A bob blwyddyn fe fyddai'r bechgyn i gyd yn dod â gêmau gwahanol i'r ysgol ac yn methu cytuno ar ba gêm i'w chwarae. A bob blwyddyn fe fyddai'r athrawon yn gorfod gwneud y dewis drostyn nhw. A bob blwyddyn gêm Elwyn fyddai'n cael ei dewis.

'Dwi ddim yn credu y bydd Miss yn fodlon i ni chware gêmau,' meddai Elwyn.

'Wrth gwrs bydd hi,' meddai Alun. 'Ry'n ni wastad yn chware gêmau ar ôl yr ymarfer ola.'

'Ond fe wedodd Miss pe na bai'r ymarfer yn berffaith, y bydde'n rhaid i ni ga'l ymarfer arall ar ôl cinio.'

'Dim ond dweud hynny o'dd hi,' meddai Alun, a oedd yn hen gyfarwydd â'i fam yn bygwth na châi wylio'r teledu pe na bai'n cymhennu ei ystafell wely, ond yna'n anghofio'r cyfan am y bygythiad.

'Ie, i godi ofn ar blant bach,' meddai Owain, gan symud ei fysedd fel crafangau anghenfil o flaen wyneb Elwyn.

Gwthiodd Elwyn ddwylo Owain naill ochr. 'Dwi ddim mor siŵr. Ro'dd Miss yn grac iawn gyda'r holl gamgymeriadau.'

'O'dd, on'd o'dd hi?' meddai Alun gan chwerthin. 'Welest ti Miss pan anghofiodd Nicola ddod i'r llwyfan?'

'O, ie, ro'dd e'n wych,' meddai Huw.

'A phan anghofiodd Iola ei geiriau?' gofynnodd Colin, gan ddynwared Iola â'i cheg yn agored lled y pen a'i llygaid mawr, crwn yn wag – yn union fel pysgodyn aur.

'Do'dd Miss ddim yn chwerthin pan redaist ti ac Alun i mewn i'ch gilydd,' atgoffodd Elwyn Colin.

'Damwain o'dd hynny,' meddai Alun, gan deimlo'n lletchwith.

'Wedodd Miss ei fod yn debycach i bantomeim.'

'Bydde fe'n well petaen ni'n ca'l gwneud pantomeim iawn,' meddai Colin.

'Bydde pantomeim yn llawer gwell na hen gyngerdd,' meddai Martin.

'Bydde,' cytunodd Alun, gan anghofio'i letchwithdod. 'Un gyda môr-ladron.'

'O, ie,' meddai Huw ac fe ddechreuodd daro'r awyr â chleddyf anweledig. 'Yn ymladd am drysor Barti Ddu sy wedi ca'l ei guddio yn rhywle.'

'Yng nghanol y neuadd,' awgrymodd Iwan. 'A bydd yn rhaid i ni gloddio amdano fe.'

'Codi planciau'r llawr i ddod o hyd iddo fe,' meddai Alun, a allai weld yr olygfa yn fyw yn ei ddychymyg.

'Ac fe allen ni ddefnyddio'r rhaffau ymarfer corff i swingio ar draws y neuadd i lanio ar long y gelyn,' awgrymodd Steffan.

'Llong y merched,' meddai Huw.

'Ie,' meddai Owain. 'Ac ar ôl i ni eu dal nhw, ry'n ni'n eu gorfodi nhw i gerdded y planc, ac maen nhw i gyd yn disgyn i mewn i'r môr.'

'Allen ni ddefnyddio planciau llawr y neuadd iddyn nhw gerdded arnyn nhw,' cynigiodd Martin.

'Ma'r cyfan yn berffaith!' bloeddiodd Colin.

'Trueni na fydde twba dŵr *Camplau* yn dal yma,' meddai Alun, gan gofio am ymweliad y rhaglen deledu â'r ysgol rai wythnosau ynghynt. 'Fe allen ni orfodi'r merched i gerdded y planciau i mewn i hwnnw.'

'O, ie,' meddai Steffan. 'SBLASH!'

'SBLASH!'

'SBLASH!'

A disgynnodd y bechgyn ar draws ei gilydd yn don flêr o gyrff, gan rowlio yn ôl ac ymlaen fel llanw a thrai'r môr.

'Gêm fôr-ladron sy gyda fi,' meddai Huw, gan ymladd i'w ryddhau ei hun o'r ddrysfa o freichiau a choesau.

'Beth wyt ti fod i' neud ynddi?' gofynnodd Colin, gan dynnu braich Owain oddi am ei wddf.

'Hwylio ar draws y Caribî yn ymosod ar longau'r chwaraewyr eraill a dwyn eu trysor.'

'Falle newn ni chware honna gynta,' meddai Owain. 'Pa gêm sy gyda ti, Elwyn?'

'Ludo.'

'Cluedo? Ma' Alun wedi dod â Cluedo.'

'Ludo, ddim Cluedo,' cywirodd Elwyn.

'Ludo!' ebychodd gweddill y bechgyn.

'Ma' Ludo'n *boring*,' meddai Colin.

'Nagyw,' mynnodd Elwyn.

'Ogyw,' mynnodd Colin.

'*Ogyw*? Beth yw *ogyw*?'

PENNOD 2

Roedd Huw yn rhannu'r cardiau trysor rhwng y chwaraewyr pan gerddodd Miss i mewn i'r ystafell ddosbarth.

'Rho rheina heibio, Huw.'

'O, Miss, pam, Miss?' gofynnodd Alun.

'Doedd yr ymarfer y bore 'ma ddim cystal ag yr oeddwn i wedi gobeithio. Felly, fel rown i wedi rhybuddio, fe fyddwn ni'n mynd drwy'r darn eto y prynhawn 'ma.'

'O, Miss . . .' dechreuodd nifer o'r plant gwyno.

Curodd Miss ei dwylo i dawelu'r cwynion. Edrychodd o gwmpas y dosbarth. Roedd hi wedi sylwi ers dyddiau nad oedd y plant yn dangos llawer o frwdfrydedd dros yr ymarfer. Y bechgyn oedd waethaf, ond i fod yn deg roedd nifer o'r merched hefyd yn edrych fel pe baent wedi diflasu ar y cyfan.

'Blwyddyn 4, dwi ddim yn gwbod beth sy'n bod arnoch chi,' meddai Miss. 'Wythnos yn ôl roeddech chi i gyd yn gwneud eich rhannau'n dda; roeddech chi'n llawn bywyd a brwdfrydedd. Ond heddi, mi'r ydych chi'n hollol ddifywyd. Does bosib eich bod wedi blino ar yr ymarfer – ac ar y cyngerdd ei hun?'

Ni ddywedodd neb air.

'Neu ydych chi?'

Ni ddywedodd neb air.

'Colin? Wyt ti'n mwynhau'r cyngerdd Nadolig?'

Cododd Colin ei ysgwyddau.

'Alun? Beth amdanat ti?'

'Dwi ddim yn gwbod, Miss.'

'Beth sy'n bod arno fe?'

Ni ddywedodd neb air.

'Oes rhywun yn mynd i ddweud wrtha i? Carys?'

'Mae e'r un peth bob blwyddyn, Miss,' meddai Carys.

'Beth wyt ti'n meddwl? Dyma'r tro cynta i chi wneud Nadolig yng Nghymru 'Slawer Dydd.'

'Ond ma'r dosbarthiadau'n neud yr un peth bob blwyddyn. Ma' dosbarth y babanod yn neud Drama'r Geni . . .'

'Gyda Mair a Joseff . . .' meddai Mair, a oedd wedi chwarae rhan Mair pan oedden nhw yn nosbarth y babanod gan mai Mair oedd ei henw.

'A'r baban Iesu,' meddai Bethan. Ei dol hi roedden nhw wedi ei defnyddio fel y baban Iesu.

'A'r doethion,' meddai Alun a oedd wedi rhoi'r thus yn anrheg i'r baban Iesu. Hen dun te lle cadwai Alun ei *slimeball* oedd y thus, ac wrth iddo blygu dros y preseb agorodd caead y tun ac arllwysodd y

slimeball gwyrdd dros ddol Bethan. Un o'r angylion oedd Bethan, a phan welodd hi'r llysnafedd gwyrdd yn disgyn dros ei dol orau fe adawodd rengoedd yr angylion a rhoi pryd o dafod go iawn i Alun am ei flerwch.

'A'r bugeiliaid,' meddai Martin a oedd wedi cynnig dod â defaid o fferm ei dad-cu ar gyfer yr olygfa yn y stabl, ond roedd Miss, er yn ddiolchgar am ei gynnig, wedi dweud y byddai'n well peidio gan na fyddai'r glanhawyr yn fodlon. Roedd Martin hefyd wedi cynnig dod â merlen i Mair ei marchogaeth, ond roedd Miss wedi gwrthod y cynnig hwnnw hefyd; ac fe ddywedodd Mair fod yn well ganddi hi gerdded beth bynnag.

'A'r angylion,' meddai Anwen a oedd, rhwng cynyrchiadau'r ysgol a'r capel, wedi chwarae rhan angel pum gwaith, nes i Mrs Jones, ei hathrawes ysgol Sul, ddweud wrthi fwy na thebyg mai dynion oedd angylion. Roedd Anwen wedi gwrthod chwarae rhan angel byth oddi ar hynny.

'Iawn,' meddai Miss. 'Y babanod sy'n gwneud Drama'r Geni.'

'Bob blwyddyn,' meddai Colin.

'Am mai geni Iesu Grist ry'n ni'n ei ddathlu, Colin,' meddai Miss 'Ac mae'r henoed sy'n dod i weld y cyngerdd yn hoffi eu gweld nhw'n perfformio Drama'r Geni.'

'Ond ma' pawb arall hefyd wastad yn neud yr un peth bob blwyddyn, Miss,' meddai Huw.

'Odyn,' meddai Iola. 'Ma' blynyddoedd 1 a 2 *wastad* yn neud Nadolig y Teganau.'

'A Blwyddyn 3 *wastad* yn neud detholiad o garolau,' meddai Catrin.

'A Blwyddyn 4 *wastad* yn neud Nadolig yng Nghymru 'Slawer Dydd,' meddai Iwan.

'A Blwyddyn 5 *wastad* yn neud Nadolig ar Draws y Byd,' meddai Carys.

'A Blwyddyn 6 *wastad* yn neud Nadolig yn y Dyfodol,' meddai Nicola.

'Dy'n ni byth yn ca'l neud ein Nadolig *ni*,' meddai Carys.

'Nagy'n,' ategodd sawl un o'r plant.

'O, wela i,' meddai Miss, gan edrych ar yr un ar bymtheg o wynebau o'i blaen. Dyma'r tro cyntaf i'r dosbarth ymddwyn fel hyn. Yn anaml iawn y byddai'r merched a'r bechgyn i gyd yn cytuno ar rywbeth. Os nad oedd y merched i gyd yn erbyn y bechgyn i gyd, yna fe fyddai Anwen a Carys yn anghytuno, a gweddill y merched yn rhannu y tu ôl i'r ddwy. Ni fyddai'r bechgyn yn anghytuno â'i gilydd cymaint â'r merched, ond wedyn ni fyddai'r bechgyn fel arfer mor bendant eu barn. Ond y tro hwn, roedd hi'n amlwg fod y dosbarth cyfan yn gytûn. Efallai, meddyliodd Miss, y dylai hi wrando ar yr hyn oedd yn eu poeni.

'Beth y'ch chi'n ei feddwl wrth eich Nadolig chi?' gofynnodd.

'Yr hyn ry'n ni'n ei neud amser y Nadolig,' meddai Anwen.

'A beth y'ch chi'n ei wneud adeg y Nadolig?'

'Lot o bethe,' atebodd Alun.

'Er enghraifft?'

Ni ddywedodd neb air.

'Dewch 'mlaen,' meddai Miss. 'Dwi isie gwbod. Anwen, beth fyddi di'n ei wneud ar ddydd Nadolig? Lle byddi di'n ei dreulio?'

'Gartre. Ma' Mam-gu a Tad-cu yn dod i aros gyda ni. Pan oeddwn i'n fach roedden ni'n mynd atyn nhw, ond nawr ma'n nhw'n dod i aros gyda ni. Rhag ofn.'

'Rhag ofn beth?'

'Rhag ofn na fydd Siôn Corn yn gwbod lle'r y'n ni.'

Chwarddodd un neu ddau o'r plant ac fe ddywedodd Iola, 'Ma' Siôn Corn yn gwbod lle ma' pawb adeg y Nadolig. Mae e wastad yn gwbod lle 'dw i, beth bynnag. Weithie dwi gartre, weithie dwi gyda Mam-gu Llanelli neu weithie dwi gyda Nain a Taid Bethesda, ond ma' Siôn Corn wastad yn gwbod lle ydw i ac yn dod ag anrhegion i fi.'

'Ma' fe siŵr o fod yn gallu dy glywed di ar ochr arall y byd,' meddai Steffan, a chwarddodd nifer o'r bechgyn.

'Nawr, Steffan,' meddai Miss. 'Do's dim isie dweud pethe fel 'na. Beth wyt ti'n ei wneud dros y Nadolig? Fyddi di'n mynd i'r Plygain?'

'Beth yw hwnnw, Miss?'

'Gwasanaeth yn yr eglwys neu'r capel sy'n ca'l ei gynnal naill ai'n hwyr ar noswyl Nadolig neu'n gynnar ar fore'r Nadolig.'

'O, Miss,' meddai Bethan, gan godi ei llaw. 'Dwi'n mynd i'r capel ar fore dydd Nadolig.'

'A fi, Miss,' meddai Owain. 'Ry'n ni'n ca'l gwasanaeth arbennig o ganu carolau.'

'Beth amdanat ti, Martin? Beth wyt ti'n ei wneud ar ddydd Nadolig?'

'Ry'n ni'n mynd i fferm Tad-cu ar ôl i ni agor yr anrhegion.'

'A pryd wyt ti'n eu hagor nhw?'

'Yn syth ar ôl dihuno.'

'Cyn ca'l brecwast?'

'Ie.'

'A ti, Tracy?'

'Dim ond yr anrhegion sy yn yr hosan dwi'n eu hagor cyn brecwast. Ar ôl brecwast dwi'n agor yr anrhegion mawr.'

'Ar ôl dod adre o'r capel dwi'n agor yr anrhegion mawr,' meddai Steffan.

'Ar ôl cinio byddwn ni'n agor yr anrhegion,' meddai Huw. 'Y plant lleia gynta a'r person hyna'n ola.'

'Y person hyna sy'n agor ei anrhegion gynta gyda ni,' meddai Nicola.

'Beth am y gweddill ohonoch chi?'

Ac o un i un fe glywodd Miss am arferion dydd Nadolig y plant a'u teuluoedd: ble'r oedden nhw'n cael cinio Nadolig ('Yn y Llew Aur, i arbed gwaith i Mam'); gyda phwy ('Ma' Wncwl Morgan ac Anti Susan yn dod draw o Ganada'); beth roedden nhw'n ei gael i'w fwyta ('Gŵydd', 'Bwyd llysieuol', 'Twrci, a selsig mewn cig moch, ond ry'n ni hefyd yn ca'l bwyd llysieuol fel tatws, moron, pys, bresych, swêds . . .' 'Dim bwyd llysieuol yw hwnna!' 'Wrth gwrs 'ny! Llysie y'n nhw, yntefe?!'), a beth fydden nhw'n ei wneud ar ôl cinio ('Chware gêmau', 'Mynd am dro', 'Bwyta siocled', 'Gwylio'r teledu', 'Edrych ar Tad-cu'n chwythu swigod pan mae e'n cysgu').

Ond pan ddechreuodd y plant sôn am yr anrhegion roedden nhw'n gobeithio'u cael y flwyddyn honno a'r rhai roedden nhw wedi eu cael yn y gorffennol, roedd hi'n bryd i Miss ddod â'r drafodaeth i ben.

'Wel, dyna beth yw amrywiaeth!' meddai, gan guro'i dwylo er mwyn tawelu Iwan a oedd y dal i restru'r holl geir roedd e wedi eu cael dros y blynyddoedd. 'A beth mae'r hyn rwyt ti wedi ei glywed yn ei awgrymu i ti, Carys?'

'Hm. Bod pawb yn neud lot o bethe?'

'Ie, ond a yw pawb yn gwneud y rhain i gyd?'

'Nagy'n.'

'Felly, Alun?'

Edrychodd Alun yn fud arni ac aeth Miss ymlaen. 'Os nad yw pawb yn gwneud y rhain i gyd, ond mae'r pethau hyn i gyd yn cael eu gwneud, mae hynny'n golygu bod pawb yn gwneud . . .'

'Pethe gwahanol,' meddai Anwen.

'Ie. Mae pawb yn gwneud pethau gwahanol. Mewn dosbarth o un ar bymtheg mae gyda ni amrywiaeth fawr o'r hyn mae pawb yn ei wneud ar yr un diwrnod.' Cerddodd Miss at fwrdd Carys. 'Yr *un* diwrnod. A pam ar y diwrnod hwnnw?'

'Am mai dydd Nadolig yw e,' atebodd Carys.

'A beth sy'n arbennig am ddydd Nadolig?'

'Ry'n ni'n ca'l anrhegion,' meddai Martin.

'Ond *pam* y'ch chi'n ca'l anrhegion, Martin? Ie, Steffan?'

'Am ein bod ni'n cofio i Iesu Grist ga'l ei eni yn faban bach a bod y doethion wedi dod ag anrhegion iddo fe.'

'Ie. Dyna pam ry'n ni'n dathlu'r Nadolig, a dyna pam ma'r babanod yn gwneud Drama'r Geni a Blwyddyn 3 yn canu carolau a Blwyddyn 5 yn gwneud Nadolig ar Draws y Byd. Ry'n ni'n dathlu'r "newyddion da o lawenydd mawr, yr hwn a fydd i'r holl bobl".'

'"Canys ganwyd i chwi heddiw Geidwad yn ninas Dafydd, yr hwn yw Crist yr Arglwydd".'

'Da iawn, Steffan, am gofio'r adnod yna,' meddai Miss.

Cochodd Steffan dan ganmoliaeth Miss, ond roedd e'n gwybod llawer mwy o adnodau na honno gan ei fod yn dweud un yn y capel bob bore Sul.

'Odi, mae'r Nadolig i bawb,' meddai Miss, 'am fod geni Iesu Grist yn dangos bod Duw am wneud heddwch rhyngddo ef a dyn. Dyna pam mae'r Nadolig yn adeg o heddwch ac o gymodi – bod yn ffrindiau, dim cweryla. Weithiau mae hyd yn oed rhyfeloedd yn stopio am ei bod hi'n Nadolig.'

Gwelodd Miss fod y plant wedi cael cyfle i ddweud yr hyn oedd yn pwyso arnyn nhw, a'u bod nhw i gyd yn gwrando'n astud arni. Roedd hwn yn gyfle rhy dda i'w golli.

'Oes rhywun yn gwbod beth yw'r gair am egwyl o heddwch mewn rhyfel?'

Ni ruthrodd yr un o'r plant i'w hateb, ond gwelodd Miss fraich Nicola yn codi'n araf ac ansicr. 'Ie, Nicola?'

'Ife cadoediad yw e, Miss?'

'Ie, da iawn ti. Cadoediad. Oedi ar ganol brwydr. Gair arall am frwydr yw cad. Nawr pwy all ddweud wrtha i pryd oedd y Rhyfel Byd Cyntaf?'

Saethodd braich Martin i fyny. Roedd e'n hoff o awyrennau o bob math ac roedd ganddo fodel o awyren o'r Rhyfel Byd Cyntaf. Fe gofiai flynyddoedd y rhyfel o'r llinell amser ar wal ystafell ddosbarth Blwyddyn 6.

'1914 i 1918, Miss.'

'Da iawn, ac ar ddiwedd 1914 roedd yna ymladd ffyrnig iawn rhwng byddinoedd Prydain a'r Almaen ar draws Ffrainc. Ond ar ddydd Nadolig fe newidiodd pethau. Mewn sawl lle roedd milwyr y ddwy ochr wedi rhoi'r gorau i ymladd. Roedden nhw wedi dringo allan o'r ffosydd lle'r oedden nhw'n cuddio ac wedi dod at ei gilydd ar draws tir neb, a'r naill ochr yn rhannu bwyd a diod

gyda'r llall. Mewn un neu ddau o lefydd roedd y milwyr wedi chwarae gêm bêl-droed.'

'Hi!' chwarddodd rhai o'r plant, ond roedd mwy o syndod nag o ddigrifwch yn eu chwerthin.

'Pwy enillodd, Miss?' gofynnodd Iwan.

'Lloegr,' meddai Huw. 'A Geoff Hurst sgoriodd y gôl ola.'

'Cwpan y Byd 1966 o'dd hwnna,' meddai

Elwyn, a wyddai fwy na neb arall am ffeithiau pêl-droed. 'A doedd hi ddim yn gôl beth bynnag.'

'Nago'dd,' meddai Owain, gan siglo'i ben yn wyllt. 'Ma' cyfrifiadur wedi dangos nad o'dd y bêl wedi croesi'r llinell.'

'Rown i'n meddwl mai rhywbryd tua'r Rhyfel Byd Cyntaf roedd Lloegr wedi ennill Cwpan y Byd,' meddai Huw. 'Ond eu bod nhw'n dal i sôn amdano fe o hyd.'

'Pam na allwn ni actio hwnna, Miss?' gofynnodd Iwan.

'Do's dim rhannau i ferched ynddo fe,' meddai Carys.

Cododd Colin ei ysgwyddau a dweud, 'Wel?'

'Bydd raid i chi ofyn i Syr ar gyfer blwyddyn nesa,' atebodd Miss. 'Ond eleni mi'r ydyn ni'n mynd i wneud . . .'

'NADOLIG YNG NGHYMRU 'SLAWER DYDD!' bloeddiodd pawb.

'Cywir.'

'Ond beth ddigwyddodd wedyn, Miss?' gofynnodd Steffan. 'Ar ôl i'r Nadolig orffen?'

'Ie, Miss. A ddaeth y rhyfel i ben am byth?' gofynnodd Mair.

Siglodd Miss ei phen. 'Naddo. Doedd yr holl gadfridogion ac arweinwyr ddim yn meddwl fod cael heddwch yn syniad da, felly trannoeth roedd y ddwy ochr yn ymladd yn erbyn ei gilydd unwaith eto.'

Edrychodd y plant yn syn ar Miss. Doedd dim byd gan yr un ohonyn nhw i'w ddweud, ond roedden nhw i gyd yn meddwl yr un peth: on'd oedd rhai pobl yn ymddwyn yn ddwl iawn?

Roedd awyrgylch yr ystafell ddosbarth wedi newid yn llwyr ac o dan y fath bwysau ni allai Miss wneud dim ond ildio. 'O'r gore, Blwyddyn 4, os newch chi addo rhoi cant y cant . . .'

'Cant a deg y cant,' meddai Iwan, a oedd wedi darllen hynny yn un o'i gylchgronau pêl-droed.

'. . .a gwneud eich gore heno yn y cyngerdd, fe gewch chi chwarae gêmau nawr.'

'Ie!' gwaeddodd y bechgyn.

'Iawn, dawel nawr. Pa gêm newch chi chwarae?' gofynnodd Miss.

'F' un i!' galwodd Huw.

'F' un i!' galwodd Alun.

'F' un i!' galwodd Colin.

'O'r gore,' meddai Miss, gan guro'i dwylo. 'Os na allwch chi benderfynu, fe fydd yn rhaid i fi ddewis drosoch chi. Elwyn, pa gêm sy gyda ti?'

Gwenodd Elwyn ac ymestyn am ei fag. 'Ludo, Miss.'

Ochneidiodd y bechgyn eraill.

*   *   *

Arllwysodd Miss gwpanaid o goffi iddi ei hun. Oedodd ei llaw am eiliad uwchben y pecyn bisgedi siocled ar y bwrdd ond gorfododd ei hun i'w adael a mynd i eistedd yn un o'r cadeiriau.

'Oooo!' meddai, gan bwyso'n ôl a chau ei llygaid. Byddai'n falch o gael heddiw – a heno – drosodd. Roedd Miss *yn* mwynhau'r cyngerdd Nadolig ond roedd hithau, fel y plant, wedi blino ar yr holl ymarfer. Un pwl bach ac fe fyddai'r cyfan drosodd am flwyddyn arall. Am flwyddyn gron, gyfan!

'Ie!' gwaeddodd Miss, gan gicio'i hesgidiau oddi am ei thraed.

Cerddodd Syr i mewn i'r ystafell a

llwyddo o drwch blewyn i symud ei ben cyn i esgid maint pump ei daro.

'Dathliadau diwedd tymor yn dechrau'n gynnar,' meddai, gan gydio mewn bisgïen siocled a'i gwthio'n gyfan i'w geg.

'Ymarfer,' meddai Miss, gan ddrachtio'i choffi. 'A sôn am ymarfer, odi Nadolig yn y Dyfodol Blwyddyn 6 yn barod ar gyfer heno?'

'Hm,' meddai Syr, gan gydio mewn bisgïen arall a'i gwthio hithau'n gyfan i'w geg. 'Dwi ddim yn credu y bydd yna Nadolig yn y dyfodol os bydd Blwyddyn 6 yn cael eu ffordd.'

'O, dyw hi ddim cynddrwg â hynny, mae'n siŵr.'

'Nagyw. Ma'n nhw'n dda iawn, chwarae teg. Dim ond i Siôn John beidio â chwarae gyda'i *Game Boy* fe fydd popeth yn iawn. Mae'r hen gerddoriaeth pingi-ping-ping 'na yn mynd ar fy nerfau i erbyn hyn. Sut mae Blwyddyn 4?'

'Yn dda iawn, ar wahân i'r ffaith eu bod nhw wedi blino ar yr holl ymarfer. Ma'n nhw'n cwyno bod pawb yn gwneud yr un peth flwyddyn ar ôl blwyddyn.'

'Hm,' meddai Syr, gan gydio yn ei drydedd bisgïen. 'Efallai y dylen ni feddwl am wneud rhywbeth gwahanol flwyddyn nesa.'

'Wel, fel mae'n digwydd . . .' dechreuodd Miss, ond stopiodd yn sydyn. Roedd Mr Richards, y gyrrwr bws fyddai'n mynd â'r plant ar eu tripiau ysgol, yn cerdded heibio'r ffenest.

'O, na,' meddyliodd Miss. Doedd dim llawer o Gymraeg rhwng Syr a Mr Richards. Dechrau'r helynt rhwng y ddau oedd tîm pêl-droed yr ysgol yn dringo i fws Mr Richards un prynhawn dydd Sadwrn gwlyb a'u hesgidiau'n drwch o fwd. Ers hynny roedd nifer o bethau bach eraill wedi troi'r digwyddiad hwnnw'n rhyfel. Ac yn anffodus, ni fyddai'r Nadolig yn dod â chadoediad. Os rhywbeth, gwaethygu ac nid gwella fyddai pethau yr adeg honno o'r flwyddyn.

Clywodd Miss Mr Richards yn curo ar y drws. Daliodd ei hanadl wrth i Syr fynd i'w agor.

'O, chi sy 'na,' meddai Mr Richards, yn methu cuddio'i siom pan welodd mai Syr oedd yno.

'Mr Richards!' meddai Syr yn galonnog. 'Dewch i mewn, dewch i mewn. Gymerwch chi fisgïen siocled?'

'Na, dim diolch,' meddai'r gyrrwr, gan edrych yn amheus iawn ar y fisgïen a gynigiai Syr iddo. 'Dim ond galw i wneud yn siŵr fod popeth yn iawn ar gyfer heno ydw i.'

'Heno, Mr Richards?' gofynnodd Syr, gan edrych yn syn arno. 'Beth sydd heno?'

'Y cyngerdd.'

'Cyngerdd, pa gyngerdd?' gofynnodd Syr, gan edrych yn fwy syn ar y gyrrwr.

'CYNG . . .' Llyncodd Mr Richards ei boer a chodi ei law chwith at ei wallt gwyn trwchus. Edrychai fel pe bai'n mynd i'w dynnu allan gerfydd ei wreiddiau, ond bodlonodd ar wthio'i law drwyddo i dawelu ei dymer.

'Cyngerdd y plant ar gyfer yr henoed,' atebodd Mr Richards yn araf.

'O, cyngerdd Nadolig yr henoed,' meddai Syr. 'Heno mae hwnnw, ife?'

Rhifodd Mr Richards i ddeg cyn ateb. 'Ie.'

'Wel, os mai heno mae'r cyngerdd, Mr Richards, fe fyddwn ni'n barod.'

'A beth am y cadeiriau?'

Daliodd Miss ei hanadl.

'Bydd, fe fydd yna gadeiriau i bawb gael eistedd.'

'Ie,' meddai Mr Richards. 'Ond a fyddan nhw yn y lle iawn?'

Roedd y cwpan coffi bron â llosgi llaw Miss ond feiddiai hi ddim symud i'w roi i lawr ar y bwrdd.

'Fe fyddan nhw wedi eu gosod allan yn y neuadd fel arfer.'

'Ond a fyddan nhw wedi eu gosod allan ar gyfer yr henoed?'

'Cyngerdd i'r henoed yw e, ac fe wna i'n siŵr na fydd neb arall yn eistedd arnyn nhw. Fyddwch chi'n dod gyda'r henoed, Mr Richards?' gofynnodd Syr er mwyn newid testun eu sgwrs.

Cododd Mr Richards ei law at ei wallt unwaith eto, ond, unwaith eto, fe lwyddodd i'w atal ei hun rhag gafael ynddo a'i dynnu. 'Fi sy'n *dod* â'r henoed.'

'O, ie, wrth gwrs. Wel, fel arfer fe fydd 'na groeso iddyn nhw ac i chithe, Mr Richards, dim ond i neb redeg reiat o gwmpas yr ysgol na chwarae pêl-droed yn y neuadd.'

Syllodd Mr Richards yn gegrwth ar Syr a siglo'i ben yn araf am rai eiliadau cyn troi i ffwrdd. Ac wrth iddo gerdded o'r ystafell fe glywodd Miss e'n mwmian wrtho'i hun, 'Pêl-droed yn wir!'

'Hwyl fawr, Mr Richards,' meddai Syr, gan estyn am fisgïen arall.

Gollyngodd Miss ei hanadl a rhoi ei chwpan i lawr ar y bwrdd. Ar ôl y sgwrs gafodd hi gyda Blwyddyn 4 yn gynharach am rannu ac am ysbryd cymodi'r Nadolig, ni allai lai na meddwl y byddai gêm o Ludo, heb sôn am gêm bêl-droed, rhwng Syr a Mr Richards yn fwy tebygol o arwain at ryfel na chynnig cyfle am heddwch.

PENNOD 3

'Odyn nhw 'na?' gofynnodd Martin, gan geisio edrych dros ysgwydd Alun.

'Na, ddim eto,' meddai Alun, gan gau'r llenni rhag ofn i Syr ei ddal yn sbecian allan ar y gynulleidfa. Roedd Alun yn un o'r rhai roedd Syr wedi eu rhoi yn gyfrifol am agor a chau'r llenni rhwng y cyfraniadau, ac nid oedd am golli'r gwaith hwnnw.

Roedd hi'n chwarter i saith, a'r plant, wedi hen newid i'w dillad ar gyfer y cyngerdd Nadolig, yn dechrau anesmwytho. Gwibiai'r athrawon yn ôl ac ymlaen o un clwstwr o blant i'r llall yn eu hannog i 'Siarad yn glir', 'Aros yn llonydd ar y llwyfan', 'Peidio troi eu cefnau at y gynulleidfa', ac i 'Fynd i'r tŷ bach nawr' – ond roedd pawb wedi bod o leia hanner dwsin o weithiau'r un yn barod.

Gwnâi'r athrawon eu gorau hefyd i'w cadw'n dawel a diddig a'u hatal rhag crwydro o'r naill ystafell ddosbarth i'r llall, a thawelu'r holl ieir bach yr haf oedd yn hedfan yn eu boliau. Rhwng popeth roedd

hi'n dasg anoddach na chadw llond basged
o gŵn bach rhag dianc!

Eisteddai merched Blwyddyn 4 gyda'i
gilydd yng nghefn yr 'ystafell ymgynnull',
fel y galwai Miss ystafell ddosbarth y
babanod. O'u blaen roedd y copi o gatalog
Nadolig Argos roedd Bethan wedi dod gyda
hi.

'A hwnna,' meddai Nicola, gan gyffwrdd
â llun o sebon a hylif swigod.

'Dyna'r chweched un o'r rheina rwyt ti
wedi'u dewis,' meddai Mair.

'Wel, dwi'n 'u hoffi nhw,' meddai
Nicola'n swta.

'Faint o bethe wyt ti wedi'u dewis?'
gofynnodd Bethan i Mair.

'Deuddeg.'

'Carys?'

'Naw.'

'Catrin?'

'Pymtheg.'

'Iola?'

'Saith ar hugain.'

'Saith ar hugain?!'

'Ie, pam?'

'Braidd yn farus, on'd wyt ti?'

'Dwi'n hoffi popeth. Alla i ddim penderfynu, felly dwi'n ca'l un o bob peth.'

'Anwen?'

'Pump.'

'Tracy?'

'Tri ar bymtheg ar ddeunaw.'

'Faint?' gofynnodd Bethan yn syn.

'Tri ar bymthnaw ar ddeg,' ymdrechodd Tracy unwaith eto.

Edrychodd Carys ar Tracy a gofyn, 'Faint fydde fe ym Manceinion?'

'*Eight.*'

'Wyth.'

'Ie, ond roeddwn i'n meddwl achos mae tri a pump yn wyth, a deunaw yn wyth deg . . .' dechreuodd Tracy esbonio, ond roedd y merched eraill wedi troi yn ôl at y catalog i ddewis rhagor o anrhegion munud olaf.

Safai Miss wrth ddrws yr ystafell yn edrych arnyn nhw ac yn teimlo'n fwy digalon bob tro y clywai'r merched yn dweud, 'Dwi isie hwnna', 'A fi', 'A fi', 'A fi', 'A fi . . .'

* * *

'Dyma nhw'n dod,' meddai Colin, ac ar unwaith ymdrechodd chwe phâr o lygaid i syllu drwy'r hollt bychan rhwng y ddwy len.

Arweiniodd Mr Richards y cyntaf o'r henoed i mewn i'r neuadd. Arhosodd ger y drws, edrych o'i gwmpas a siglo'i ben. Nid oedd y cadeiriau wrth ei fodd eleni eto. A dyma Mr Richards yn dechrau eu haildrefnu.

'Noswaith dda, Mr Richards!' galwodd Syr o ben draw'r neuadd.

'Eh?' meddai Mr Richards pan glywodd y llais, a throdd tuag at Syr a'i freichiau ar led o flaen y cadeiriau – yn union fel iâr yn amddiffyn ei chywion.

'Helô,' meddai, gan edrych yn amheus iawn ar Syr.

'Noswaith dda, gyfeillion,' meddai Syr wrth yr henoed, ac anwybyddu osgo rhyfedd Mr Richards. 'Gobeithio y gwnewch chi fwynhau. A chofiwch aros am y mins peis ar y diwedd.'

Cadwodd Mr Richards ei lygaid ar Syr

nes ei fod yn gwbl fodlon nad oedd e'n mynd i ymyrryd â'r cadeiriau.

Bob blwyddyn byddai Syr a bechgyn Blwyddyn 6 yn treulio'r holl amser ar ôl egwyl y prynhawn yn gosod y cadeiriau allan ar gyfer y cyngerdd. A phob blwyddyn, y peth cyntaf y byddai Mr Richards yn ei wneud ar ôl cyrraedd fyddai eu had-drefnu i wneud yn siŵr bod digon o le rhwng y rhesi i goesau'r henoed. Ac am hyn roedd bechgyn Blwyddyn 4 wedi bod yn disgwyl.

Un Nadolig – pan oedd plant Blwyddyn 6 yn nosbarth y babanod meddai rhai, ond roedd eraill yn anghytuno ac yn dweud mai cyn hynny oedd hi – fe drodd pethau'n gas rhwng Syr a Mr Richards. Roedd Mr Richards yn symud un o'r cadeiriau pan gydiodd Syr ynddi. Fe aeth yn ymryson tynnu rhyngddynt a'r ddau yn tynnu'r un gadair i ddau gyfeiriad gwahanol.

Mae yna anghytuno hefyd ynglŷn â'r hyn ddigwyddodd wedyn. Mae rhai yn dweud fod Syr wedi llithro a bod Mr Richards wedi disgyn ar ei ben ac wedi aros yno nes bod Syr yn gadael iddo aildrefnu'r cadeiriau.

Mae eraill yn dweud fod Mr Richards wedi gollwng ei afael yn y gadair a bod Syr wedi hedfan ar draws y neuadd a disgyn ar ben troli a oedd yn llawn o fins peis ar gyfer y paned ar ôl y cyngerdd. Ond mae rhai yn dweud bod Syr yn ennill yr ymryson tynnu a bod Mr Richards bron ag ildio pan ddechreuodd un o'r henoed, Miss Felicity Florence a arferai gadw siop wlân yn y dref,

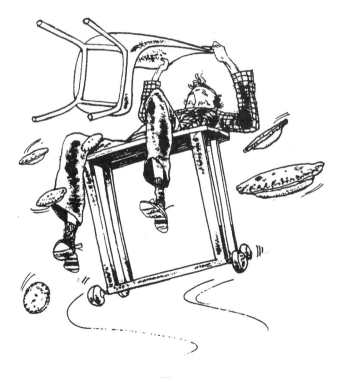

waldio Syr o gwmpas ei ben â'i bag llaw, a bod Syr wedi gorfod gollwng ei afael neu ddioddef anafiadau difrifol.

Ac er bod Mr Richards wedi cael llonydd i aildrefnu'r cadeiriau bob blwyddyn ers hynny, roedd y bechgyn yn dal i fyw mewn gobaith y byddai Syr unwaith eto'n cydio yn un o'r cadeiriau ac fe fyddai yna ymryson tynnu arall rhwng y ddau. Ond nid heno fyddai'r tro hwnnw. Gorffennodd Mr Richards ei aildrefnu ac o un i un fe eisteddodd yr henoed.

'Ooo!' meddai'r bechgyn yn siomedig, gan gau'r llenni a diflannu i'r ystafell ymgynnull. Nid oedd y noson wedi dechrau fel y bydden nhw wedi dymuno.

*   *   *

Drama'r Geni gan y babanod oedd y cyflwyniad cyntaf. Chwarter awr gwta o berfformiad oedd e, ond gan fod yr henoed wedi ei fwynhau cymaint – er mai dim ond dau o'r doethion ddaeth i'r llwyfan – bu'n rhaid cael ail berfformiad, gyda dim ond un gŵr doeth y tro hwn.

Roedd Mr Richards yn ei fwynhau ei hun hefyd. Roedd ganddo sedd yn y blaen, digon o le i'w goesau a phecyn mawr o *mint imperials* yn ei boced. Bob hyn a hyn fe dynnai Mr Richards un o'r peli gwyn yn slei o'i boced, codi ei law i'w geg, esgus peswch a gwthio'r losin i mewn.

'Pam nag yw e'n eu rhannu?' meddai Alun wrtho'i hun. Roedd Alun wedi bod yn sbecian ar y gynulleidfa nawr ac yn y man rownd cornel y llenni, ac wedi sylwi fwy nag unwaith ar dric Mr Richards. Roedd rhieni Alun wedi ei ddysgu i rannu ei losin gydag eraill, ac er nad oedd Alun yn mwynhau gwneud hynny bob tro, roedd yn trio'i orau i rannu. Ond nid oedd Mr Richards wedi cynnig yr un losin i neb!

Daeth Blwyddyn 1 a Blwyddyn 2 i'r llwyfan i berfformio Nadolig y Teganau, a dyma law Mr Richards yn sleifio i'w boced unwaith eto. Roedd e newydd roi'r losin yn ei geg pan gafodd broc yn ei gefn gan un o'r henoed a oedd am ofyn rhywbeth iddo. Bu bron i Mr Richards dagu. Cafodd bwl o beswch go iawn a saethodd y *mint imperial*

allan o'i geg a disgyn PLINC! PLINC! PLINC! PLINC! PLINC! ar lawr y neuadd.

Arhosodd plant blynyddoedd 1 a 2 yn hollol lonydd ar y llwyfan ac edrych ar y losin yn rowlio ar draws y llawr. Trodd ambell un o'r gynulleidfa yn ei sedd i weld o ble'r oedd y losin wedi dod ac, er mawr syndod i Alun, dyma Mr Richards hefyd yn gwneud yr un peth, fel pe na bai'n gwybod pwy oedd wedi ei ollwng. Edrychodd Mr Richards ar hyd y rhes y tu ôl iddo a siglo'i ben yn ôl ac ymlaen yn araf.

Roedd y neuadd yn hollol dawel ac yn gwbl lonydd am rai eiliadau, ond achubwyd y cyngerdd gan Mrs Walters, athrawes Blwyddyn 2, a darodd gord ar y piano, a heb feddwl ddwywaith dyma flynyddoedd 1 a 2 yn dechrau canu 'Cân y Tedi Pinc'. Gorffennodd y perfformiad heb yr un amhariad pellach a daeth Blwyddyn 3 i'r llwyfan yn eu lle i arwain y gynulleidfa mewn detholiad o garolau.

Roedd Mr Richards yn ei elfen yn awr. Daliai'r daflen garolau allan hyd braich a symudai ei gorff yn ôl ac ymlaen wrth iddo floeddio canu. Syllai Alun arno heb allu symud o'r fan, yn union fel rhyw anifail bychan wedi ei hypnoteiddio gan symudiadau hudolus neidr. Dim ond pan ddaeth Siôn, Blwyddyn 6, i gymryd ei le wrth y llenni y daeth Alun ato'i hun.

Gadawodd Alun ymyl y llwyfan ac ymuno â gweddill Blwyddyn 4 i baratoi ar gyfer eu perfformiad. Ond hyd yn oed yn yr ystafell ymgynnull gallai Alun glywed llais Mr Richards yn bloeddio'n uwch na neb arall. Roedd ganddo lais da pan ganai'r nodau cywir, ond yn amlach na pheidio, rhyw simsanu yn ôl ac ymlaen rhwng dau nodyn a wnâi. Dymunai Alun gael teclyn tebyg i'r un a reolai'r peiriant fideo gartre er mwyn iddo gael *tracking* Mr Richards yn iawn.

Gorffennodd y canu carolau. Caeodd y llenni am funud, a phan agorwyd hwy eto safai Anwen ar ymyl y llwyfan yn gwisgo crys-T a jîns y llefarydd.

'Mae hi'n noswyl Nadolig, ac ar draws y wlad, mewn pentref a thref, o'r mynydd i'r môr, mae pobman yn dawel. Mae'r anifeiliaid i gyd wedi hen ddod o hyd i loches i gadw'n gynnes rhag y gwynt llym a'r rhew caled. Mae'r sêr yn disgleirio'n llachar o gwmpas y lleuad arian ac mae'r wlad yn gorwedd yn llonydd dan garthen drwchus o eira . . .'

'Dy'n ni *byth* yn ca'l eira,' sibrydodd Alun wrth Steffan ar ymyl y llwyfan.

'Alun!' sibrydodd Miss yn ffyrnig o'r tu ôl iddo, ac roedd hynny'n ddigon i'w atal rhag dweud yr un gair arall, ar wahân i'r geiriau roedd e i *fod* i'w dweud, am weddill y perfformiad – perfformiad a aeth yn well, yn llawer gwell, nag yr oedd Miss wedi disgwyl. Cofiodd Iola ei geiriau i gyd; daeth Nicola i'r llwyfan yn y lle ac ar yr amser iawn – gyda help hwp bach i'w chefn gan Miss – ac ni redodd Alun a Colin i mewn i'w gilydd.

Dim ond un peth aeth o'i le. Roedd Bethan, a oedd wedi dysgu ei chân o fewn deuddydd i'w chael hi gan Miss, wedi ei chanu'n berffaith ym mhob ymarfer, ond heno fe gymysgodd y penillion a'u canu yn y drefn anghywir. Dim ond pan ddechreuodd hi ganu'r pennill olaf – sef yr ail bennill mewn gwirionedd – y sylweddolodd Bethan ei chamgymeriad, a dechreuodd ganu'r gân i gyd o'r dechrau eto. Ond fe aeth ar goll eto ac fe aeth yn ôl i'r pennill cyntaf unwaith yn rhagor. Yn y diwedd fe fu'n rhaid i Mrs Walters roi'r gorau i ganu'r piano er mwyn i Bethan dawelu.

'Da iawn, chi,' meddai Miss wrth bawb – gan gynnwys Bethan a oedd bron yn ei dagrau – wrth iddynt adael y llwyfan. 'Ewch i'r cefn i gael rhywbeth i'w yfed. A chofiwch, dim sŵn.'

Er mai dim ond am ugain munud y buon nhw ar y llwyfan, roedd y plant yn chwys stecs ac wedi llwyr ymlâdd – yn union fel pe baent wedi bod yn rhedeg ym marathon Caerdydd. Yfodd pawb eu gwydrau o ddiod oren ar eu pen, a hyd yn oed wedyn roedd sawl un yn awchu am ragor.

'Welest . . . ti . . . Mr . . . Rich . . . ards?' gofynnodd Colin i Martin, rhwng yfed ei ddiod a llowcio aer.

'Pam? Beth oedd e'n neud?'

'Stwffo losin,' atebodd Colin, gan daro'i wydr ar y bwrdd.

'Mae e wedi bod yn neud 'ny drwy'r nos,' meddai Alun.

'Wel, tra o'n ni ar y llwyfan fe fwytodd e ddau ddeg dau o losin,' meddai Colin, a oedd wedi bod ar y llwyfan bron drwy gydol y perfformiad.

'Dau ddeg dau!' meddai Huw.

'Ie, 'nes i gyfri pob un ohonyn nhw.'

'Y bolgi ag e!'

'Hei, dewch 'ma!' galwodd Carys o gefn yr ystafell. 'Mae'n bwrw eira.'

Anghofiwyd popeth am Mr Richards, ei losin a'i fola, a rhedodd pawb at y ffenest lle safai Carys. Yng ngolau'r stryd fe allent weld y plu eira mawr yn disgyn yn drwch ac yn gorchuddio iard flaen yr ysgol, y ffordd fawr a thoeau'r tai gyferbyn.

'Mae'n rhaid ei bod hi wedi bod yn bwrw ers amser,' meddai Elwyn.

'Ers i ni fod ar y llwyfan, fwy na thebyg,' meddai Mair.

'Ond dy'n ni byth yn ca'l eira,' meddai Alun, yn swnio fel pe bai'n siomedig ei fod yn cael ei brofi'n anghywir.

'Wel, mae'n bwrw eira nawr,' meddai Carys, heb allu cuddio'i llawenydd.

'Odi,' meddai Alun, a gydag un 'IE!' uchel fe ddechreuodd redeg o gwmpas yr ystafell.

'Hei! Dawel!' galwodd Miss o'r drws. 'Beth yw'r holl sŵn 'ma? Mae'r gynulleidfa'n gallu'ch clywed chi'n glir.'

Tawelodd Alun ar unwaith a dychwelyd at ei ffrindiau.

'Miss,' galwodd Catrin. 'Mae'n bwrw eira!'

Cerddodd Miss at y ffenest a sefyll yn ymyl y plant yn edrych allan i'r tywyllwch. Roedd yr eira'n fwy trwchus erbyn hyn, a chafodd y dosbarth cyfan eu swyno gan y disgyn distaw a di-baid. Yn y plu mawr gwyn gallai'r plant weld eu Nadolig yn dod yn real. Disgynnai holl gynnwys eu llythyron at Siôn Corn – yn deganau, gêmau a losin – gyda'r eira. Dim ond eira'n disgyn oedd e i Miss, ond yma a thraw, rhwng y plu, fe gâi gip ar ambell Nadolig pan oedd hi'n ferch fach.

Gyrrodd car heibio gan oleuo'r plu fel cannoedd ar filoedd o sêr. Yn y neuadd roedd plant Blwyddyn 5 yn perfformio Nadolig ar Draws y Byd, a newydd ddechrau canu 'Carol Jamaica':

'Seren yn disgleirio,
Seren yn disgleirio,
Seren yn disgleirio,
Disgleirio yn y nos.

Canwch Haleliwia, canwch Haleliwia,
Canwch Haleliwia, canwch glod i Dduw.'

Parhaodd y gwylwyr i edrych ar yr eira nes i'r garol orffen, a hyd yn oed wedyn roedd yn rhaid i Miss dynnu ambell un o'r plant i ffwrdd o'r ffenest.

PENNOD 4

Roedd hi'n dal i fwrw eira'n drwm pan orffennodd Blwyddyn 6 berfformio Nadolig yn y Dyfodol. Dringodd Syr i'r llwyfan, ac wedi diolch i'r plant i gyd am eu perfformiadau, ac i'r athrawon am eu hyfforddi, fe ddywedodd, 'Fel arfer rydyn ni'n edrych ymlaen at gael sgwrsio â'r gynulleidfa dros baned a mins pei ar ôl y cyngerdd, ond dwi'n credu y byddai'n well i ni beidio ag oedi yma heno.'

'Pam?' galwodd Mr Richards, a oedd wedi bod yn edrych ymlaen at ei baned o de a mins pei drwy'r nos.

'Mae hi wedi bod yn bwrw eira ers rhyw hanner awr,' atebodd Syr, 'ac mae yna fodfedd neu ddwy ar y ffordd yn barod, felly dwi'n credu mai'r peth gorau fyddai i bawb fynd adre ar unwaith.'

Dechreuodd y gynulleidfa siarad â'i gilydd. Cododd rhai o'r henoed, gwisgo'u cotiau a chwilio am eu bagiau, sgarffiau a menig.

'Beth yw modfedd neu ddwy o eira? Dwi

wedi gyrru drwy droedfedd neu ddwy o eira cyn hyn,' broliodd Mr Richards, a oedd yn *wir* wedi bod yn edrych ymlaen at ei baned o de a mins pei. Fe allai eu gwynto'n cynhesu, teimlo'r crwstyn yn torri rhwng ei ddannedd a blasu'r briwfwyd cynnes ar ei dafod. 'Plîs,' gwichiodd.

'Waldo Richards!' galwodd un o'r gwragedd yn ei ymyl. 'Os na ddewch chi'r funud hon, fe yrra i'r bws yn ôl i Frynawelon fy hun.'

'Miss Florence . . .' ymbiliodd Mr Richards.

'Wel?' meddai Miss Felicity Florence ar ei draws. Ac roedd yr un tinc i'w glywed yn ei llais ag a fyddai yn llais Miss pan oedd bechgyn Blwyddyn 4 wedi bod yn fwy dwl nag arfer. Ac fel bechgyn Blwyddyn 4, fe wyddai Mr Richards yn well na dadlau. Cododd yn araf a dechrau casglu'r henoed ynghyd a'u harwain at y bws.

Disgynnodd Syr o'r llwyfan i wynebu degau o wynebau disgwylgar a dwsinau o gwestiynau taer.

'Syr? Syr? Fydd yr ysgol ar gau fory?'

'Fydd hi, Syr?'

'Fydd hi?'

'Syr? Syr? Fydd raid i ni ddod i'r ysgol fory?'

'Fydd e, Syr?'

'Fydd e?'

Cododd Syr ei law i'w tawelu. 'Os nad ewch chi i gyd at eich rhieni ar unwaith falle y bydd yn rhaid i chi aros yma heno a chael prawf mathemateg drwy'r nos.'

Sgathrodd y plant i bob cyfeiriad i chwilio am eu rhieni.

*   *   *

Safodd Syr yn nrws yr ysgol yn gwylio'r ceir yn dilyn bws Mr Richards allan i'r ffordd fawr. Roedd y lle wedi bod yn llawn o wichial cyffrous plant, gorchmynion brysiog rhieni a rhuo oer peiriannau, ond o'r diwedd roedd pawb yn bwrw am adre. Arhosodd Syr yn y drws am rai munudau ar ôl i oleuadau'r car olaf ddiflannu i lawr y stryd, yn edrych ar yr eira'n disgyn. Yn y tawelwch a ddilynai ruthr y cerbydau wrth iddynt adael, roedd popeth mor llonydd, a phobman yn teimlo mor agos; yn union fel

pe bai'r ysgol wedi ei hynysu, a'r byd yn
cau amdani yr un pryd. Ystwyriodd Syr ei
hun. Roedd ganddo oleuadau i'w diffodd a
drysau i'w cloi. Trodd yn ôl i mewn i'r

adeilad. Erbyn iddo wneud hynny roedd eira newydd wedi llenwi'r olion traed a theiars ar iard yr ysgol.

Edrychodd Syr ar y cadeiriau yn y neuadd a oedd wedi eu gwthio i bob cyfeiriad gan y gynulleidfa wrth iddynt adael. Yn ymyl un ohonynt roedd yna fag llaw roedd un o'r gwragedd wedi ei anghofio yn ei brys. Roedd y cyngerdd wedi bod yn llwyddiant eleni eto, meddyliodd Syr, wrth iddo ddechrau rhoi'r cadeiriau ar ben ei gilydd a'u cario i ymyl y neuadd. Trueni fod yn rhaid i bawb adael mor sydyn, yn enwedig a Mr Richards mor awyddus i gael ei fins pei. Gwenodd wrth feddwl am y gofal roedd ef a bechgyn Blwyddyn 6 wedi ei gymryd wrth osod y cadeiriau i wneud yn siŵr fod digon o le i goesau'r henoed, dim ond i Mr Richards eu haildrefnu i gyd eto. Ond roedd hynny'n rhan o'r cyngerdd erbyn hyn – yn gymaint rhan o'r cyngerdd â'r babanod yn perfformio Drama'r Geni.

Wedi gorffen yn y neuadd fe aeth Syr drwy'r ystafelloedd dosbarth o un i un yn casglu'r gêmau, llyfrau a dillad o bob lliw a llun roedd y plant wedi eu hanghofio yn eu brys i fynd allan i'r eira. Yn ystafell ddosbarth Blwyddyn 4 cododd Syr gatalog Argos o'r llawr a'i roi'n ddiogel ar fwrdd Miss. Diffoddodd y golau a mynd i'w ystafell i nôl ei got.

Roedd Syr yn croesi'r cyntedd am y tro olaf pan glywodd sŵn yn dod o'r neuadd. Arhosodd yn ei unfan a chlustfeinio. Roedd pobman yn dawel. Doedd dim i'w glywed. Mae'n rhaid mai ei ddychymyg oedd yn . . . Na! Dyna fe eto. Rhyw sŵn siffrwd, fel pe bai rhywbeth yn cael ei lusgo ar draws y llawr. Roedd rhywun neu rywbeth yn y neuadd!

Edrychodd Syr o'i gwmpas am rywbeth y gallai ei ddefnyddio fel arf i'w amddiffyn ei hun. Yr unig beth a welai yn y cyntedd oedd yr hudlath tylwyth teg roedd Mrs Walters wedi ei roi ar ymyl y poster yn hysbysebu'r cyngerdd. Fyddai honno ddim gwerth iddo. Roedd y batiau criced a rownderi i gyd wedi eu cau yn y gist chwaraeon o dan y llwyfan dros y gaeaf, ond rhywbeth fel'ny roedd ei angen arno. Rhywbeth hir, trwm. Rhywbeth tebyg i . . .

'Ie!' meddai Syr dan ei wynt ac aeth i'w

ystafell i nôl y ffon roc roedd plant
Blwyddyn 2 wedi ei phrynu'n anrheg iddo
pan aeth yr ysgol ar drip i Bwllheli yn yr
haf. Fe wnâi hwnnw'r tro i'r dim.

Mor dawel â llygoden eglwys mewn
llopannau, sleifiodd Syr at ddrws y neuadd.
Arhosodd yn llonydd am eiliad cyn pipo
heibio'r drws ac edrych i mewn. Oedd,
roedd rhywun yno. Yng ngolau'r lleuad a
lifai drwy'r ffenest fe welai Syr ryw siâp
mawr tywyll – tebyg i grwban y môr ar dir
sych neu arth a'i drwyn yn sownd mewn pot
o fêl – yn symud yn ôl ac ymlaen ar ganol y

75

llawr. Llyncodd Syr ei boer, tynnu ei esgidiau, a chan godi'r ffon roc uwch ei ben fe gamodd i mewn i'r neuadd.

Roedd y creadur wedi ymgolli mor llwyr yn ei stranciau fel na chlywodd Syr yn agosáu ato. 'Diolch byth,' meddai Syr wrtho'i hun. Gafaelodd yn dynnach yn y ffon roc ac roedd ar fin ei tharo ar gefn y creadur pan gododd hwnnw ar ei draed ôl.

'Hy!' meddai Syr mewn braw, gan ollwng y ffon roc a chwalodd yn filoedd o ddarnau mân.

'HY!' meddai'r creadur mewn mwy o fraw.

Neidiodd Syr ar ei ben a rowliodd y ddau yn un gymysgfa flêr o freichiau a choesau – yn debyg iawn i fechgyn Blwyddyn 4 – yn rhochian ('Hoch!' 'Poch!') a thuchan ('Mhamff!' 'Sgwsh!') ar eu hyd ar y llawr.

'AAAAAWWWWWW!' sgrechiodd Syr. Roedd y creadur wedi ei gnoi yn ei figwrn. Gollyngodd Syr ei afael a sgrialodd y creadur yn rhydd.

'Cadwa . . . draw!' galwodd y creadur yn fyr ei wynt. 'Dwi'n . . . gwbod . . . sut . . . i . . . ddef . . . nyddio . . . fy . . . nwylo.'

'Hy?' meddai Syr, a oedd wedi adnabod y llais. 'Mr Richards?'

'Chi!' ebychodd Mr Richards, a oedd wedi adnabod llais Syr.

'Beth ar y ddaear ry'ch chi'n ei wneud, Mr Richards?'

'Em . . .' meddai Mr Richards, fel plentyn wedi ei ddal yn gwneud drygioni.

'Dewch 'mlaen, dewch 'mlaen,' pwysodd Syr, a oedd wedi dal dwsinau o blant yn gwneud drygioni.

'Chwilio.'

'Chwilio am beth?'

'Am rywbeth.'

'Am *beth*?' gofynnodd Syr yn chwyrn.

'Am fag llaw Miss Felicity Florence,' atebodd Mr Richards yn ufudd. 'Sylweddolodd hi ar ôl cyrraedd Brynawelon ei bod wedi ei adael e yma ac roedd hi'n mynnu 'mod i'n dod i'w nôl e.'

'Wel, pam na fyddech chi wedi dod i ddweud wrtha i . . .'

'Do'n i ddim isie'ch gwel . . . poeni chi.'

'. . . yn lle cropian o gwmpas y neuadd yn y tywyllwch . . .'

'Ro'n i'n methu ffeindio'r swits.'

'. . . fel crwban y môr ar dir sych neu arth a'i drwyn yn sownd mewn pot o fêl . . .'

'Hei! Gan bwyll nawr!'

'. . . achos fe ffeindies i'r bag wrth symud y cadeiriau.'

'O,' meddai Mr Richards, gan edrych yn lletchwith ar ei esgidiau.

'Mae e yn fy ystafell i,' ac arweiniodd Syr y ffordd.

CRANSH! CRANSH! CRANSH! CRANSH!

Chwalwyd y darnau mân o'r ffon roc yn ddarnau manach wrth i'r ddau gerdded drostynt.

'AW! AW! AW! AW!' gwaeddodd Syr, wrth i gorneli miniog y roc ei bigo drwy ei sanau.

'Gan bwyll,' meddai Mr Richards, gan estyn ei law i'w helpu.

'O!' meddai Syr a Mr Richards gyda'i gilydd wrth iddynt gerdded o'r neuadd i'r cyntedd. Roedd y gwynt wedi codi ac wedi lluwchio'r eira yn erbyn drws yr ysgol gan ei guddio bron at yr hanner.

'Wel, dwi'n credu'n bod ni wedi ca'l ein cau i mewn,' meddai Syr.

'Mae'n edrych fel 'ny,' meddai Mr Richards.

'Fe ddylwn i fod wedi gadael gynnau.'

'A ddim dod 'nôl.'

Edrychodd y ddau ar y lluwch yn erbyn y drws yn tyfu wrth i'r gwynt ychwanegu rhagor o eira ato.

'O leia ma' 'na ddigon o fwyd yma,' meddai Mr Richards.

'Beth y'ch chi'n feddwl?'

'Y mins peis. Ma' digon o'r rheini ar ôl.'

Siglodd Syr ei ben. 'Nagoes, fe aeth y Pwyllgor Rhieni â'r mins peis gyda nhw.'

'I gyd?'

'Pob un.'

'Y bolgwn!'

Roedd y lluwch ymhell dros hanner y drws erbyn hyn.

'Odych chi'n hoffi *mint imperials*?' gofynnodd Mr Richards, gan estyn ei law i'w boced.

'Fy hoff losin,' atebodd Syr.

'Ife?' meddai Mr Richards yn syn, gan gynnig y pecyn i Syr.

'Ie,' meddai Syr, gan roi'r belen wen felys yn ei geg a'i throi'n swnllyd yn erbyn ei ddannedd. 'Odych chi'n hoffi chwarae gêmau, Mr Richards?'

'Gêmau? Shwd fath o gêmau?'

'Gêmau bwrdd fel Pictionary a Cluedo.'

'Ludo wedoch chi?' gofynnodd Mr Richards.

'Nage, ond dwi'n credu fod 'na un 'ma rywle.'

'O's e? Dwi'n hoff iawn o gêm o Ludo.'

'Dewch i ni gael gweld os gallwn ni ddod o hyd iddi.'

A cherddodd y ddau hen filwr yn ôl i mewn i'r neuadd.

CYFRES PLANT BLWYDDYN 4

ELGAN PHILIP DAVIES

Gêm o Ddau Hanner

Tracy Corrigan yw'r disgybl newydd yn y dosbarth. Druan ohoni, mae pob bachgen a merch yn ddieithr iddi – *ac* yn siarad iaith wahanol! Dyna hiraeth sydd arni am ei hen ysgol ym Manceinion a'r ffrindiau da oedd *am* gael ei chwmni i fynd i bartïon a gêmau pêl-droed. Teimla Tracy na wnaiff hi byth ennill ei lle yn yr ysgol newydd hon.

Mynd ar ôl Tri

Daw criw teledu i'r ysgol i recordio rhaglen am blant yn gwneud gwahanol gampau. Mae'r cystadlu'n frwd, mae'r dŵr yn llifo, mae'r pwyntiau'n cynyddu, mae'r hwyl yn fawr – nes i'r heddlu ymyrryd i beryglu'r cyfan! Yng nghanol yr holl ddryswch pwy, tybed, sydd am gael ei roi yn y twba gwnj?

CYFRES PLANT BLWYDDYN 4

ELGAN PHILIP DAVIES

Panig! A.E.M.!

Mae A.E.M. yn ymweld â'r ysgol ac ni welodd Blwyddyn 4 ddim byd tebyg erioed o'r blaen. Mae Miss yn ei dagrau a Syr yn poeni am y sbwriel yn iard y babanod. Mae Alun yn gweld cyfle i gael llai o waith yn y dosbarth, ac mae Anwen am weld Miss yn cael chwarae teg. Ond am Carys, wel, does neb yn siŵr beth mae hi'n ei weld . . .

Hefyd yn y gyfres:

Cawl Cynnen
Llyfr Lloffion Blwyddyn 4

Cofiwch hefyd bod modd darllen mwy o
hanesion Plant Blwyddyn 4 gan
Elgan Philip Davies yn:

Cariad Miss

Bechgyn yw'r Gore

Steddfod Syr

Dim ond Merched

Dirgelwch y Dieithryn

a ymddangosodd yng Nghyfres Corryn ac
a gyhoeddwyd gan Wasg Gomer